LA

QUESTION DU MEXIQUE

POINT DE VUE PROVIDENTIEL

LA

ESTION DU MEXIQUE

AU

POINT DE VUE PROVIDENTIEL

PARIS

1865

Une main inconnue, que le hasard a mise en possession d'un examen critique de l'*Histoire de Jules César*, signé : UNE FEMME, l'a fait imprimer à vingt-cinq exemplaires, et précéder d'une charmante préface à laquelle nous empruntons les lignes suivantes :

« C'est bien une femme, une femme du grand monde, une femme haut placée par sa naissance, son esprit, ses grâces naturelles et probablement sa beauté (ai-je bien deviné ?); c'est une femme qui semble autorisée à s'adresser aux rois et même aux empereurs, et qui a vu peut-être des empereurs et des rois à ses pieds.

» Dans tous les cas, cette femme n'est pas plus embarrassée de parler de César qu'elle ne l'est de parler à César. Elle est instruite ; j'apprendrais qu'elle sait le latin sans en être étonné ; elle écrit d'un style ferme, colorié, puissant, original, malgré quelques taches qui pourraient bien n'être que l'empreinte des différentes langues qu'elle possède.

» Mais ce qui la distingue, c'est l'élévation de ses idées, la portée de ses vues, la noblesse de ses sentiments. Elle a étudié l'histoire en philosophe, en moraliste, en prophète.

» Quel sera son nom? Si nous étions comme à la belle époque de Louis XIV, je le chercherais parmi ceux de madame de Longueville, de Scudéry, de la Sablière, de Sévigné et de Maintenon. »

Nous ne saurions mieux penser ni mieux dire. Il vient, à notre tour, de tomber dans nos mains un travail de la même femme sur la *Question du Mexique, au point de vue providentiel*, où elle déploie toutes les qualités qu'on admire dans l'étude sur *l'Histoire de Jules César*. En le faisant imprimer pour un certain nombre d'amis, nous sommes très heureux d'ajouter au sentiment de l'admiration celui non moins grand de la *reconnaissance*.

LA

QUESTION DU MEXIQUE

AU

POINT DE VUE PROVIDENTIEL

Événement irrésistiblement amené par une force cachée des
choses clairement discernée par l'Empereur. — Sa lettre
le prouve.

Régénération d'un pays, en décomposition sociale, par la race
et les idées latines et catholiques; antagonisme avec la
race anglo-saxonne et les idées protestantes auxquelles
toute l'Amérique semblait abandonnée comme une proie
par les États-Unis. — Immense portée de cette initiative
de la France et de cette régénération qui peut s'étendre
sur tout le continent du Sud. — Considérations et compa-
raison à propos de ces deux esprits qui doivent se balancer
et se compléter.

Conséquences morales et matérielles pour le Mexique, la
France et les Etats-Unis. — Impuissance de ces derniers.
— Intention et vues profondes de l'Empereur.

Nous ne savons pas discerner les vues de la Providence, nous réduisons ses desseins aux petites
visées d'une politique à notre mesure, et, quand
certains événements font éclater des volontés saintes
et régénératrices, non-seulement nous fermons les
yeux, mais nous luttons obstinément contre elles.

Le côté religieux de l'histoire ne disparaît pas parce qu'il nous plaît de le méconnaître ou de le nier. Dieu n'en inspire et n'en guide pas moins les hommes de son choix. Ils atteignent le but qu'Il leur a marqué malgré les obstacles matériels et malgré toutes les oppositions morales. Ils ont la conscience de leur mission et voilà pourquoi ils persistent, au risque même de compromettre quelquefois leur pouvoir ou au moins leur popularité. La vulgaire sagesse, qui les blâme, ne sait pas voir ce qui brille devant leurs yeux; elle les accuse avec une apparence de raison démentie par une raison supérieure. Pour comprendre certains événements, il faut se pénétrer d'un esprit de foi et d'amour, échapper aux calculs étroits de l'intérêt, s'attacher à cette grande loi du dévouement qui s'applique entre les nations, comme entre les individus, et qui est la clef de tant de choses, même dans notre monde abaissé.

C'est ainsi qu'il me semble, à moi, éclairée par ces seules intuitions, saisir les raisons intimes et prévoir l'avenir de cette expédition du Mexique si mal comprise et si calomniée; à mes yeux la plus grande, la plus mystérieuse, la plus providentielle du règne de Napoléon III.

Pour les âmes froides et pour le bon sens égoïste, toute cette affaire est incompréhensible. Pour les esprits élevés, pour les cœurs croyants, elle est souverainement claire et guidée d'en haut.

Des Français ont été insultés, maltraités, spoliés comme tous les étrangers dans ce pays tombé en décomposition. Des satisfactions sont promises, puis refusées ou éludées. Pour la première fois depuis longues années, on s'indigne de cette situation acceptée jusque-là comme normale. On veut la venger, on s'allie à deux nations outragées comme la France, elles sont bien tièdes, ces deux nations, et semblent n'accompagner la France que pour lui enlever les honneurs de l'initiative ou de l'action séparée. L'Angleterre, le pays de la raison solide et rassise, annule d'avance son intervention à force de restrictions et de réserves. L'Espagne ne veut pas laisser la France toucher seule à son ancienne colonie.

A peine entamée, l'expédition se disloque, le drapeau de la civilisation semble reculer, et deux grandes nations rentrent dans leur égoïsme. Voilà la politique humaine, le triomphe du calcul terre à terre! Épargnez vos soldats et votre or, résignez-vous, revenez insultés et moralement vaincus par une poignée de demi-barbares, laissez échapper la fortune offerte par la Providence; vous aurez de plus quelques hommes et quelques écus, mais vous aurez manqué la grande œuvre!

La France reste seule ; elle va l'entreprendre et voyez par quel miraculeux et irrésistible enchaînement de circonstances inévitables elle est amenée à accepter la noble et difficile tâche de la régénération d'un peuple et d'un pays. Oui, c'est bien la régénération de ce peuple, de ce pays, de ce monde peut-être. Il semblait, jusqu'à aujourd'hui, que le Mexique et tout le Sud Amérique dussent être livrés sans conteste et sans partage à la dissolution politique et sociale d'abord, puis, par elle, aux Etats-Unis.

Il faut arracher le Mexique à cette décomposition pour le rendre et le réserver à lui-même ; mais, au début, l'horizon n'est pas si vaste, et, pour le découvrir, les événements doivent faire bien de nouveaux pas.

Une poignée d'intrépides soldats s'avance dans ce pays immense et inconnu, à travers mille péripéties, mille épreuves ; elle pénètre jusqu'au point que son nombre et ses ressources lui défendent de dépasser. Ils y sont cernés par tout ce que peut rassembler de forces un fantôme de gouvernement, avec les détestables passions sur lesquelles il s'appuie en les excitant. Ces soldats font le signe de détresse à la mère-patrie ; elle doit délivrer et venger ses enfants. L'honneur du drapeau français est engagé ; les perspectives commencent à s'étendre, les intentions providentielles à se révéler.

Ce n'est plus un tort à redresser, ce ne sont plus des réparations à obtenir, une traversée facile et triomphale au milieu du pays ; c'est une marche sur la capitale, un établissement au centre, une action sur le gouvernement et la société. L'incident diplomatique et militaire se transforme en une mission civilisatrice, et l'Empereur des Français en marque les grands traits avec une précision vraiment inspirée. (*Lettre au général Forey, du 3 juillet* 1862). « Il ne » manquera pas de gens qui vous demanderont » pourquoi nous allons dépenser des hommes et de » l'argent pour fonder un gouvernement régulier au » Mexique.

» Dans l'état actuel de la civilisation du monde, » la prospérité de l'Amérique n'est pas indifférente » à l'Europe..... nous avons intérêt à ce que la » République des États-Unis soit puissante et » prospère ; mais nous n'en avons aucun à ce » qu'elle s'empare de tout le golfe du Mexique, do-» mine de là les Antilles, ainsi que l'Amérique du » Sud.

» Si, au contraire, le Mexique conserve son indé-» pendance et maintient l'intégrité de son territoire, » si un gouvernement stable s'y constitue avec l'as-

» sistance de la France, *nous aurons rendu à la race*
» *latine, de l'autre côté de l'Océan, sa force et son pres-*
» *tige,* nous aurons garanti leur sécurité à nos colo-
» nies des Antilles et à celles de l'Espagne, *nous au-*
» *rons établi notre influence bienfaisante au centre de*
» *l'Amérique. Le Mexique ainsi régénéré* nous sera
» toujours favorable, non-seulement par reconnais-
» sance, mais aussi parce que ses intérêts seront d'ac-
» cord avec les nôtres, et *qu'il trouvera un point d'ap-*
» *pui dans ses bons rapports avec les puissances*
» *européennes.*

» Aujourd'hui donc, notre honneur militaire en-
» gagé, l'exigence de notre politique, l'intérêt de
» notre industrie et de notre commerce, tout nous
» fait un devoir de marcher sur Mexico, d'y planter
» hardiment notre drapeau, d'y établir soit une mo-
» narchie, si elle n'est pas incompatible avec le sen-
» timent national du pays, soit tout au moins un
» gouvernement qui promette quelque stabilité. »
Voilà le programme de la Providence, et, avec un
art infini, l'Empereur en appuie les données aussi
bien sur les intérêts que sur les idées. A côté des
mots de *régénération, d'équilibre des races, d'influence
politique,* il fait retentir ceux de *colonies, de relations
commerciales et industrielles.* Profonde et légitime ha-
bileté à une époque avant tout calculatrice. C'est

pour accomplir ce programme, que la France a mar-
ché en avant à travers les lenteurs et les obstacles
du siége de Puebla, la prise de Mexico, la convoca-
tion des notables, le choix de l'empereur Maximilien,
sa laborieuse acceptation, l'installation de son gouvernement. Les efforts militaires, financiers, diplo-
matiques, ne sont que les étapes de cette longue
marche, qui doit aboutir à la régénération complète
du Mexique par un pouvoir régulier et solide. Quelle
est la portée, quels seront les résultats d'une telle
œuvre? Valent-ils le sang et les trésors qu'elle a
coûtés, les oppositions qu'elle a soulevées, les dan-
gers qui la menacent?

Pour moi, l'avenir a d'avance répondu; il me semble voir se dérouler déjà les magnifiques perspectives
démêlées par l'œil perçant de Napoléon III.

Quelques puritains fondèrent, au milieu du dix-
septième siècle, les colonies qui devaient devenir la
grande république des Etats-Unis. Sur cette terre
vierge, ils apportaient avec eux le protestantisme,
l'esprit de liberté et d'égalité, les rudes et puissantes
aptitudes de la race anglo-saxonne, une indomptable
énergie, un audacieux esprit d'entreprise, une pour-
suite infatigable des intérêts matériels. Pendant deux
siècles, ces éléments ont fait leur œuvre, et ils sont
arrivés aux immenses résultats qui frappent tous les

yeux. Légitime sujet d'admiration, mais non moins légitime sujet de craintes, car le mal était mêlé au bien dans une large proportion; l'essor de ces hommes à volonté de fer était allé jusqu'au bout de leurs défauts comme de leurs qualités. Ils ont fondé une société puissante et riche, mais privée de tout lien avec le passé, de toute tendance vers l'idéal. Cette société paraît livrée, sans limites comme sans scrupules, au triomphe de l'esprit abaissé des majorités, à la recherche de l'intérêt purement matériel.

De là d'affligeantes taches au milieu d'un tableau d'un réel éclat.

La liberté a dégénéré en tyrannie sous l'impitoyable action du nombre; les supériorités intellectuelles et morales ont été de plus en plus courbées sous l'inflexible niveau d'une médiocrité universelle; la religion est descendue des sublimes hauteurs de la foi surnaturelle au rôle d'un utile mécanisme social; la littérature, la philosophie, l'art, la culture désintéressée du beau et du vrai, toutes ces nobles choses, sans lesquelles il n'est point de vraie civilisation, ont été étouffées; une grossièreté de mœurs inouïe a dépouillé de toute élévation, de tout attrait le caractère national, pendant que le commerce et l'industrie, tendant exclusivement tous les ressorts des âmes, les amenaient au rétrécissement et à la dureté.

Les grandes iniquités mêmes n'étaient point chassées de cette parfaite démocratie, mais elles y revêtaient un caractère à part, celui de l'immolation sans entrailles des races déshéritées. Les Indiens étaient détruits et les noirs tenus en esclavage, parce qu'il fallait produire le coton et défricher les forêts de l'Ouest.

Avec cela, une ambition immense, proclamée avec une franchise audacieuse, quasi cynique.

Si le vieux monde est dédaigneusement abandonné à ses populations décrépites, l'Amérique entière appartient uniquement aux essaims innombrables et robustes des Etats-Unis. Ils n'y doivent rencontrer ni rivaux, ni arbitres; eux seuls se feront la part qu'il leur conviendra d'occuper, eux seuls videront leurs différends avec les races si opposées des Antilles et du Sud, qui seraient ainsi prédestinées à passer tôt ou tard sous le joug d'une assimilation brutale et fatale. Alors le Nouveau Monde serait posé en face de l'ancien, et l'issue d'un duel inévitable pour l'universelle suprématie ne serait plus douteuse.

Mais sous un ciel et un climat opposés dans le même hémisphère et, comme par un premier contraste, d'autres peuples issus d'une autre race ont commencé par sommeiller dans le despotisme après la conquête pour s'agiter ensuite dans l'anarchie.

Descendus d'ancêtres latins et catholiques, d'Espagnols ou de Portugais mêlés aux Indiens, ils ont reçu de leurs mères-patries tout ce qui retient dans l'immobilité : un catholicisme dégradé par les pratiques de la dévotion méridionale et les abus de l'Inquisition, le pouvoir absolu, l'aristocratie fainéante, l'administration surannée, les procédés économiques arriérés. Ils ont été comprimés ou ils ont dormi, puis brusquement réveillés par le contre-coup des révolutions espagnoles exploitées par les menées intéressées de l'Angleterre, ils ont revendiqué leur indépendance, l'ont conquise pour la laisser tomber, compromise et souillée, dans les convulsions des émeutes de casernes.

Premier châtiment de cette réaction aveugle qui, mentant à toutes leurs traditions, à tous leurs besoins, à toutes leurs aptitudes, les jetait dans la République par haine du pouvoir absolu et du despotisme métropolitain. Des débris de cet immense empire d'outre-mer, le plus grand, le plus riche, le Mexique étalait surtout les misères de cette affligeante histoire. Pour comble de malheur, contigu aux États-Unis, il avait déjà laissé sous leur dent vorace plus d'un magnifique lambeau ; triste situation, triste société, qui ont pourtant leur face consolante, comme l'Amérique du Nord a son désolant revers. Après tout, le Mexique est, dans le Nouveau Monde, le premier représentant de cette noble race latine qui fait dans l'ancien si grande figure. Tous ses éléments et toutes ses forces, il les possède, il ne faut que les raviver et les épurer : catholicisme, tradition, préoccupations et facultés de l'idéal, sentiments et mœurs chevaleresques, monarchie.

Si toutes ces choses méritent de vivre à titre de nécessaires et magnifiques côtés du monde comme de la nature humaine; si elles ont leur place marquée au grand soleil de la civilisation; si leur anéantissement mutile la politique et découronne l'histoire, elles doivent figurer dans le Nouveau Monde comme dans l'ancien. Partout, c'est de leurs contrastes et de leurs mélanges avec les dons différents et opposés départis à d'autres peuples que naîtra le développement harmonieux assigné par Dieu aux nations.

Entre les deux esprits, entre les deux mondes, la collision était imminente; les Etats-Unis, exaltés jusqu'aux derniers orgueils par leur prodigieuse expansion et le développement inouï de leur prospérité, ne cherchaient qu'une occasion d'appliquer la doctrine de Monroë; une passion fébrile d'entamer, de vaincre, de submerger ce monde divergent les dévorait, et son représentant le plus proche, le plus exposé, tombait précisément au dernier degré de l'anarchie, presque de la décomposition, et montrait le spectacle qui provoque les plus audacieuses entreprises en éloignant jusqu'à la moindre crainte. La défaite était donc certaine, le Mexique tout entier allait suivre ses premières provinces dans cet irrésistible mouvement d'annexion.

Soudain, inclinons-nous devant la main de Dieu dans l'histoire, la confédération américaine se déchire par l'institution même qui la souillait et appelait un châtiment. Une gigantesque guerre civile commence et la réduit, pour quelques années, à l'impuissance. Au même instant, une dernière insulte met le comble aux outrages et lasse la patience de la France; l'expédition du Mexique est résolue et accomplie. Ce pays sera sauvé pour être ensuite capable de se défendre.

Comment l'expédition s'est faite par la France seule, comment, seule, elle a la gloire de l'intervention conduisant à la régénération, tous les yeux l'ont pu voir. Si les complications et les raisons ont été obscures, les résultats sont évidents.

L'Angleterre n'y pouvait avoir aucune part; saxonne, protestante, utilitaire, elle fût allée combattre son propre sang et son propre esprit; c'eût été *la maison divisée contre elle-même.* Ses instincts l'en avertissaient par ses répugnances, elle n'avait agi d'abord que pour prendre ses précautions contre la France. Aux premiers obstacles, ses intérêts ont repris le dessus et elle s'est retirée.

L'Espagne était latine, catholique, monarchique, chevaleresque, mais elle n'était pas désintéressée ; son passé lui créait des ambitions, des tentations et des difficultés. Pour conserver son caractère, l'intervention devait être et paraître dégagée de la moindre arrière-pensée confiée au seul dévouement. C'est en vain que l'Espagne a réclamé sa place au premier rang, par ses hommes d'Etat les plus hauts placés, par ses plus éloquents orateurs. C'est en vain qu'ils ont gourmandé le gouvernement pour cette politique de désertion qui avait laissé à la France l'unique rôle. Ils ne pouvaient être entendus ; une volonté plus puissante que les volontés humaines avait irrévocablement prononcé !...

La France, de même race, de même religion, dans toute la fleur et la vigueur de l'esprit qu'elle allait ranimer, a seule déployé son drapeau afin qu'il fût bien proclamé que le sacrifice, pour le sacrifice lui-même, donnait droit d'aller au Mexique.

Le peuple missionnaire, le croisé de la civilisation s'est encore une fois ébranlé pour une idée. Par la propagande comme par les armes, il a sillonné cette vaste contrée ; il a relevé le courage des modérés, élevé un trône, fondé un régime politique pendant qu'il dispersait les bandes anarchiques, poursuivait, de l'Atlantique au Pacifique, l'ennemi se dérobant sans cesse, et enlevait aux séides de Juarez leur dernier point de ralliement. Pour son sang et son or versés à flots, pour sa pensée calomniée, pour son gouvernement assailli d'oppositions de toute nature, il n'a pas même cédé à la tentation si naturelle d'asseoir sur ce trône un membre de sa dynastie. D'une maison catholique, mais étrangère, il a accepté un prince intelligent, chevaleresque, aventureux, descendant de Charles-Quint, qui, avec une confiance héroïque, digne de ce glorieux ancêtre, a assumé la responsabilité de cette entreprise séduisante et difficile.

On s'est raillé, au Corps législatif, *du jeune homme aux yeux d'azur et aux cheveux d'or*, dans lequel les Indiens retrouvaient le héros de leurs légendes, le symbole d'antiques espérances. Politique à courte vue qui ne démêle pas, sous ce langage d'une enfantine poésie, les sympathies d'une race nombreuse et opprimée! Les sentiments sont aussi des ressources et mieux vaut railler ainsi les Indiens que d'avoir à les combattre ou à les détruire.

Cette œuvre si étonnante n'aura pas été vaine; elle durera. L'héroïsme du soldat et la générosité de la France sont, quoi qu'on ait pu dire, des fondements solides pour un trône et un trône assuré, c'est un pays transformé, une société relevée. Laissez passer quelques années et vous verrez s'asseoir et grandir, en face de la république des États-Unis, une forte monarchie, capable de défendre contre elle le Sud de l'Amérique, et d'en protéger à son ombre le libre et naturel développement. Ainsi, la race latine, le catholicisme, la tradition, la culture morale et intellectuelle garderont leur place et opposeront, pour le bien du Nouveau Monde, leurs influences séculaires à celles du protestantisme, de la démocratie, du travail voué seulement aux intérêts matériels. Dans ses desseins aussi miséricordieux qu'imprévus, Dieu n'aura frustré personne, il aura fait à chacun sa glorieuse part ; aux uns l'initiative sans limites, et l'activité féconde, aux autres les principes et les idées qui élèvent.

Je ne doute plus du maintien de cet Empereur quand je lui vois une mission pareille. Il y a en histoire une philosophie qui n'est pas celle du succès, mais bien celle de la Providence ; à travers les obstacles de leurs débuts, elle a foi aux révolutions bienfaisantes et aux actions régénératrices. Je crois fermement à celles qui vont transformer le Mexique.

Dans cette question du Mexique, je vois des êtres

éminents par leur intelligence et leur caractère. Celui qui, au point de vue mexicain, a joué un rôle providentiel dans le salut de son pays, M. Hidalgo est un homme du cœur le plus élevé, d'une loyauté et d'un dévouement éprouvés. Il travaille à maintenir d'intimes relations entre la France et le Mexique; il jouit de la confiance des deux souverains; il a trouvé déjà la récompense de ses mérites et de ses déboires dans le succès qui couronne la grande œuvre à laquelle il s'est voué.

Raisonnons maintenant froidement, terre à terre, comme des opposants du Corps législatif. Deux ordres de difficultés intérieures et extérieures menacent l'établissement nouveau.

Les difficultés intérieures se résument dans l'hostilité des partis ralliés par Juarez, ou plutôt représentés par son nom, car ils sont la complète anarchie. Que pourront-ils et que feront-ils? Disputer le territoire! ils l'ont essayé, ils l'essayent encore et ils sont débusqués de leurs dernières positions par l'activité des soldats de l'occupation; je ne parle pas de *leur courage*, on ne tient nulle part devant eux. Cette lutte de guérillas n'a qu'un temps et qu'un espace; elle aura sa fin qui est bien près d'être arrivée. Les derniers points occupés ou conquis, il faudra bien s'expatrier ou se soumettre. Juarez l'aurait déjà fait, murmure-t-on, sans le caractère chevaleresque de l'Empereur Maximilien.

Là résistance armée une fois domptée, la résistance purement morale ne saurait être ni sérieuse ni longue. Malgré les tristes legs de quarante ans de guerres civiles, et les habitudes de désordre et d'anarchie, le véritable esprit national reprendra bientôt le dessus. Or, le Mexique est au fond monarchique, il l'a été avec excès sous le despotisme de la métropole, il le reviendra raisonnablement sous une dynastie nouvelle modérée. Des transactions équitables, dont les bases sont déjà largement posées, résoudront les difficultés politiques, religieuses, sociales, réconcilieront les hommes et les choses. Les vrais besoins du pays seront satisfaits; un catholicisme ramené à sa pureté et point oppressif, un trône ferme mais pas accablant, une liberté rappelant les bons côtés de la fédération, le développement nouveau des intérêts économiques par l'initiative des capitaux de l'Europe, répondront à toutes les légitimes aspirations, et fondront les Mexicains dans une unité forte et prospère. Les Indiens eux-mêmes, déjà captivés par l'imagination, mobile si puissant pour les peuples enfants, pourront prendre paisiblement leur place dans cette société restaurée. Les embarras financiers, nés de la nonchalance et du gaspillage, ces vices endémiques de l'administration espagnole, disparaîtront devant l'exploitation intelligente et probe des immenses ressources du pays par des employés pénétrés des traditions actives et régulières de la France. Charmé d'un calme et d'une sécurité jusque-là méconnus, émerveillé de ses propres richesses, rallié à sa jeune dynastie par tous les biens qu'elle lui aura apportés, le Mexique deviendra un Etat paisible, laborieux et fort; il comptera, pour la première fois, sur un avenir, et s'ébranlera d'un élan rapide et universel pour l'atteindre.

Restent les difficultés extérieures, qui se concentrent tout entières dans le voisinage des Etats-Unis. Mais, de ce côté, le danger est passé. Qu'aux temps de leur pleine prospérité, les Etats-Unis eussent résolûment barré la route à toute intervention européenne, s'annonçant avec des vues aussi larges, et proclamant la régénération du Mexique, cela n'est pas douteux. Aujourd'hui, cette intervention est un fait accompli : son œuvre est aux trois quarts achevée ; elle a occupé la capitale et le pays, fondé une monarchie, créé un établissement politique, ébauché même des réformes sociales. Pour renverser ou simplement pour combattre tout cela, il est trop tard. Certains moments ne se retrouvent plus, certains échecs sont irréparables, certains charmes, rompus une fois, sont rompus pour toujours. La doctrine de Monroë en aura fourni une solennelle preuve. A travers la guerre civile des Etats-Unis, l'Europe, par la France, a planté son drapeau dans le Nouveau Monde; il ne sera pas renversé! Les Etats-Unis n'en ont plus l'envie, et, en eussent-ils l'envie, ils n'en ont plus le pouvoir.

Ils n'en ont pas l'envie.

Une démonstration éclatante vient d'en être donnée. Le Sud, à l'agonie, proposait une réconciliation scellée par la guerre en commun contre la France au Mexique. Cette ouverture désespérée a été rejetée par le bon sens du Nord, qui songeait à renouveler, après le rétablissement de l'Union, cet expédient de la guerre civile. Les paroles et les actes récents du pouvoir (passivement soumis à l'opinion générale) témoignent assez des dispositions pacifiques du pays.

Les Etats-Unis n'en ont pas le pouvoir.

Ce n'est pas au sortir d'une lutte qui a dévoré les hommes par centaines de milliers et les écus par milliards qu'on se jette de gaieté de cœur dans une lutte nouvelle; on est las de courage, las de dépenses. Avant d'ouvrir de nouvelles plaies, il faut cicatriser les plaies saignantes, et ce n'est pas en quelques mois qu'on se remet d'une guerre fratricide poursuivie pendant quatre années avec un effroyable acharnement. Quand, avec les forces refaites, pourront revenir les projets ambitieux, on trouvera la position assise, le gouvernement établi, le Mexique grandi dans la paix, l'ordre et la stabilité. Un peuple peu guerrier de nature et d'intérêts y regardera à deux fois avant d'attaquer un voisin pareil, qui d'ailleurs saura se défendre. Donc, point d'agression officielle, peut-être des expéditions de flibustiers : les récentes tentatives ne les montrent pas fort redoutables. Le gouvernement des Etats-Unis leur est franchement et résolûment hostile, l'opinion publique ne les encourage pas. Que, malgré les distances et les difficultés matérielles, quelques bandes d'aventuriers se jettent sur la frontière, galvanisent pour un moment les derniers débris de résistance armée, il n'y aura ni à s'en étonner ni à les craindre. Les Yankees protestants, à la langue étrangère, à la main rude, aux arrière-pensées transparentes, seront des libérateurs mal venus pour le Mexicain, même juariste. Telle est l'œuvre et telles sont les chances ; ne vaut-elle pas le sang et les millions de la France ? ne comptera-t-elle pas parmi les plus grandes du règne de Napoléon III ?

Des entreprises semblables ne se pèsent point dans les balances grossières de la politique du *doit* et *avoir*, et pourtant même à cette mesure l'expédition du

Mexique serait encore *une bonne affaire :* « cherchez d'abord le royaume de Dieu, et le reste vous sera donné comme par surcroît. » Remplissez une noble mission, faites des sacrifices pour une idée, consacrez la force et la guerre non plus à la conquête, mais à la civilisation, et vous recevrez le surcroît de la puissance et même de la richesse. Ainsi en sera-t-il pour la France ; c'est à son profit surtout qu'elle aura régénéré le Mexique. Ses mines, son sol vierge et fertile, assurés, grâce à elle, du travail du lendemain, lui rendront bientôt au centuple, par le commerce et l'industrie, les avances de l'expédition.

Mais, j'élève plus haut mon dernier regard, je vois dans l'expédition du Mexique l'accomplissement d'une espèce de vœu religieux. Après des bienfaits signalés, après la préservation de grands périls, toute âme se sent émue envers Dieu d'une reconnaissance qu'elle a besoin de marquer aux yeux de tous. Les petits et les pauvres présentent leur humble offrande ; les riches et les grands immortalisent leur gratitude par les splendeurs de l'art ; plus heureux encore, les maîtres du monde peuvent écrire leurs sentiments dans l'histoire en caractères impérissables.

Choisi de Dieu et élu de la France, protégé dans ses moindres comme dans ses plus grands desseins, marqué évidemment pour un rôle providentiel,

Napoléon III paye sa dette par cette grande régénération d'une nation catholique. Associée par ses vœux,
par sa grâce, par ses vertus, par sa douce influence,
aux inspirations de celui dont elle partage le trône,
une belle, bonne et intelligente souveraine prend sa
part dans la reconnaissance comme elle l'avait reçue
dans les bienfaits, et ainsi s'accomplissent les événements qui sauvent le Mexique et seront la gloire de
la France.

UNE FEMME.

Paris, imprimerie de Dubuisson et Cᵉ, rue Coq-Héron, 5.

www.ingramcontent.com/pod-product-compliance
Lightning Source LLC
Chambersburg PA
CBHW051336060726
47596CB00004B/1643